Gouvernement Général de l'Afrique Occidentale Française

LE SÉNÉGAL

Mise en sacs des graines d'arachides

AGENCE ÉCONOMIQUE
DE L'AFRIQUE OCCIDENTALE FRANÇAISE
159, BOULEVARD HAUSSMANN, PARIS (8e)

LE SÉNÉGAL

I. — RENSEIGNEMENTS GÉNÉRAUX

Aperçu géographique

Le Sénégal, qui fait partie administrativement du groupe des Colonies de l'Afrique Occidentale Française, est la plus ancienne colonie française de l'Ouest Africain. Il est limité : au Nord, par la colonie de la Mauritanie ; à l'Est, par le Soudan français ; au Sud, par la Guinée française et la Guinée portugaise ; à l'Ouest, par l'Océan Atlantique. Sa superficie est de 201.375 kilomètres carrés. Son territoire englobe la petite colonie britannique de la Gambie, étroite bande de terre s'étendant de chaque côté du cours inférieur de la rivière de ce nom.

L'aspect du Sénégal est assez monotone ; des plaines sablonneuses, parfois argileuses, dénudées, à peine ondulées, s'étendent des rivages de l'Océan aux frontières de la Colonie. Seule, la région de la haute Gambie est quelque peu accidentée ; encore les reliefs du sol sont-ils constitués par des collines de médiocre élévation.

Dans l'intérieur des terres, entre le Sénégal et la Gambie, s'étend le Ferlo, vaste région en partie couverte d'arbres et surtout d'arbustes, mais presque inhabitée par suite de l'absence d'eau courante et de la difficulté qu'ont les indigènes à creuser des puits dans un sol sablonneux, inconsistant. Cette contrée est parcourue cependant par les Peulhs nomades et leurs troupeaux pendant sept à huit mois de l'année.

Sur la côte qui s'étend entre l'embouchure du Sénégal et la presqu'île du Cap Vert, on rencontre beaucoup de petits lacs, appelés « séyanes » par les indigènes. Les séyanes et la végétation qui les entoure forment des oasis, appelées « niayes », qui s'échelonnent en un chapelet continu, derrière les dunes ; mais ces mares se dessèchent progressivement et la végétation s'appauvrit.

Au sud de la Gambie, dans la région de la Casamance, le sol, jouissant de pluies plus abondantes, offre un aspect plus riant et plus pittoresque ; la végétation se modifie et prend l'aspect tropical.

Le fleuve Sénégal, formé par la réunion des rivières Bakoy et Bafing, descendant du Fouta-Djallon, forme la limite nord de la Colonie. Ce cours d'eau, un des grands de l'Afrique (1.700 kilomètres de longueur), coule dans une direction générale S.-E.-N.-O. jusqu'à Podor, où il prend nettement la direction Ouest jusqu'à environ 30 kilomètres de l'Océan ; il s'infléchit alors très brusquement vers le Sud en se rapprochant graduellement de la côte, dont il n'est plus séparé, dans la dernière partie de son cours, que par une langue de sable. Son embouchure est sujette à de fréquents déplacements et soumise aux effets de la barre. Sur la rive gauche, en amont de Bakel, le Sénégal reçoit la Falémé, qui prend aussi sa source dans le Fouta-Djallon. Cette rivière, entre Satadougou et son confluent, sert de limite entre le Sénégal et le Soudan français.

La rivière Gambie, venant du Fouta-Djallon, traverse la partie Est de la Colonie avant d'entrer en territoire anglais, à Yarboutenda.

Le Saloum, auquel on donne improprement la qualification de rivière, est un bras de mer pénétrant très avant dans les terres et se ramifiant en plusieurs dérivations ou marigots qui se détachent du courant principal formé par le flux et le reflux de la marée.

La Casamance est également un estuaire marin dans son cours inférieur, mais elle est formée, dans la partie supérieure de son bassin, par plusieurs ruisseaux d'eau douce.

Climat

Le Sénégal, qui est compris entre 14°6 et 18° de latitude Nord, fait partie de la zone sub-tropicale. Sa température moyenne annuelle est d'environ 23°. La proximité du Sahara lui donne un caractère spécial ; elle diminue l'humidité de l'air et amplifie les différences de température.

L'année est partagée en deux saisons très distinctes. La saison sèche commence, selon les régions, entre octobre et décembre. pour finir vers la fin de mai ou de juin. Les températures diurnes sont parfois très élevées mais toujours sèches ; celles de la nuit sont souvent très fraîches et alors la rosée est abondante. Le début de la saison sèche est, en général, annoncé par des vents d'Est, secs, chauds et sains. La saison des pluies (hivernage) est, au contraire, chaude et humide. Les pluies sont souvent accompagnées de violents coups de vent.

La température n'est pas uniforme dans toute l'étendue du Sénégal. A Saint-Louis, elle s'abaisse jusqu'à 8 ou 9° et dépasse rarement 35°. Dakar présente déjà une température moyenne annuelle supérieure d'un degré.

A Podor, on enregistre, au mois de mai, jusqu'à 45° à l'ombre. Le Cayor est chaud et sec. Bakel et Kaolack offrent un climat plus humide.

La Casamance, enfin, présente un climat tout différent de celui des autres régions sénégalaises. La saison humide y est plus prolongée et la saison fraîche ne dure que quelques semaines.

Les vents dominants sont, pendant l'hivernage, des vents d'Ouest. Les orages sont amenés par de violents coups de vent Est-Sud-Est.

Pendant la saison sèche, les vents dominants soufflent de 8 heures à 15 heures en moyenne de l'Est ; du Nord, Nord-Ouest, le reste du temps.

Races, religions, mœurs

Les noirs du Sénégal se divisent en groupes ethniques distingués par la teinte plus ou moins foncée de leur peau, les formes du corps, les mœurs et le langage. Les principaux de ces groupes sont les Ouolofs, les Toucouleurs, les Sérères, les Mandingues, les Sarakhollés et les Diolas.

Les Ouolofs forment un groupe compact, dont l'unité est à peine entamée par la présence de quelques tribus de Peulhs nomades ; ils occupent le Oualo, le Djolof, les pays formés du démembrement de l'ancien Cayor, et, en mélange avec les Sérères, le littoral de l'Océan jusqu'à la Gambie. Ils sont entièrement islamisés. Leur langue est devenue l'idiome commercial de presque tout le Sénégal.

Les Peulhs (plus exactement Foulbés au pluriel et Poullo au singulier) sont répandus en fractions plus ou moins nombreuses dans presque toutes les régions du Sénégal. Pasteurs, ils changent de campement pour donner à leurs troupeaux l'eau et les pâturages qui leur sont nécessaires. Leur teint clair, leurs cheveux presque lisses, leurs traits fins leur ont fait attribuer une origine sémitique. Dans tous les cas, il est à peu près prouvé que ces peuples, lors de leur apparition en Afrique Occidentale, aux premiers siècles de l'ère chrétienne, étaient de race blanche.

Par suite du croisement de Peulhs sédentaires dans la vallée du moyen Sénégal avec leurs voisins, il s'est formé une race très différente de physionomie, mais ayant conservé le même idiome : ce sont les Toucouleurs. Aventureux, turbulents et guerriers, les Toucouleurs ont fréquemment essaimé, et c'est du Fouta Sénégalais que partirent les bandes qui conquirent et occupèrent l'empire de Sokoto, et, plus tard, les Toucouleurs qui suivirent El Hadj Omar à la conquête du Soudan Occidental.

Les Sérères habitent le Baol, le Sine, quelques cantons du Saloum et une notable partie du Cercle de Thiès ; au point de vue ethnique, ils sont proches parents des Ouolofs. Ils sont restés jusqu'à présent réfractaires à l'Islam.

Les Sarakhollés ou Soninkés, qui se rattachent au groupe mandingue, peuplent le nord du cercle de Bakel ; ils sont fervents musulmans et commerçants émérites.

Les Malinkés ou Sossés, rameau du groupe mandingue, occupent la région située entre le Saloum et la Gambie, ainsi que la moyenne et haute Casamance.

Le bassin inférieur et moyen de la Casamance est habité en grande partie par des peuplades moins évoluées, autrefois combattues et pillées par leurs voisins mieux doués au point de vue de l'intelligence et des vertus guerrières : ce sont les Diolas, les Bagnouns et les Balantes. Depuis l'etablissement de la paix française, les deux premières de ces peuplades mènent une existence laborieuse et cultivent avec soin de vastes rizières ; les Balantes se sont montrés plus réfractaires à la civilisation.

II. — ORGANISATION ADMINISTRATIVE

La Colonie du Sénégal a pour chef-lieu Saint-Louis, où réside un Gouverneur des Colonies placé sous l'autorité du Gouverneur Général de l'Afrique Occidentale Française. Ce Gouverneur, qui prend le titre de Lieutenant-Gouverneur, administre la Colonie avec le concours d'un Secrétaire Général et d'un Conseil privé, analogue aux Conseils d'administration des autres Colonies du groupe, et ayant des attributions purement consultatives. Une assemblée ayant des pouvoirs délibératifs, le Conseil colonial, a remplacé le Conseil général supprimé par le décret du 4 décembre 1920 ; elle est composée de 40 membres, dont 24 membres élus par les citoyens français habitant la Colonie et 16 chefs indigènes élus par l'ensemble des chefs de province et de canton.

Le Sénégal est représenté au Parlement par un Député élu par les citoyens français de la Colonie. Une loi du 19 septembre 1916 a accordé la qualité de citoyens français à tous les indigènes nés sur le territoire des communes dites de plein exercice : Dakar, Saint-Louis, Rufisque et Gorée.

Le 21 octobre 1924, un décret a institué un régime administratif spécial pour une portion de la Colonie du Sénégal, dénommée circonscription de Dakar et dépendances, et comprenant la commune de Dakar et sa banlieue et la commune de Gorée. La direction de ce territoire est assurée, sous l'autorité directe du Gouverneur Général, par un Gouverneur des Colonies qui prend le titre d'Administrateur de la circonscription. Des décrets successifs des 27 novembre et 30 décembre 1924 ont placé, sous les ordres de ce haut fonctionnaire, différents services qui relevaient, jusqu'alors, tant du Gouvernement Général et des municipalités que du Lieutenant-Gouverneur du Sénégal. La Circonscription de Dakar et dépendances jouit de l'autonomie administrative et possède un budget qui lui est propre. Les membres du Conseil colonial élus dans la circonscription de Dakar et dépendances continuent, néanmoins, à siéger au chef-lieu de la Colonie du Sénégal et les taxes perçues sur ce territoire sont les mêmes que celles qui sont mises en recouvrement sur toute l'étendue du Sénégal.

L'ensemble de la Colonie comprend, en dehors du territoire de la circonscription de Dakar et dépendances, deux communes de plein exercice : Saint-Louis, chef-lieu de la Colonie, et Rufisque ; quatorze communes mixtes (Thiès, Tivouane, Louga, Ziguinchor, Mekhé, Fatick, Foundiougne, Kaolack, Diourbel, Khombole, Kébémer, M'Bour, Gossas et Bambey) et quinze cercles administrés chacun par un Administrateur des Colonies. Ces cercles sont les suivants :

Bakel, chef-lieu Bakel ;

Baol, chef-lieu Diourbel ;

Bas-Sénégal, chef-lieu Saint-Louis ;

Djoloff, chef-lieu Linguère ;

Haute-Gambie, chef-lieu Kédougou ;

Louga, chef-lieu Louga ;

Matam, chef-lieu Matam ;

Podor, chef-lieu Podor ;

Sine-Saloum, chef-lieu Kaolack ; Subdivisions : Foundiougne, Fatick, Nioro (Rip), Kaffrine ;

Tambacounda, chef-lieu Tambacounda ;

Thiès, chef-lieu Thiès ; Subdivisions : M'Bour, Bargny ;

Bignona, chef-lieu Bignona ; Subdivision : Dioruloulou ;

Kolda, chef-lieu Kolda ; Subdivision : Vélingara ;

Sédhiou, chef-lieu Sédhiou ; Subdivision : Inor ;

Ziguinchor, chef-lieu Ziguinchor.

Ces quatre derniers cercles forment le territoire de Casamance, compris entre la Gambie anglaise et la Guinée portugaise et placé sous les ordres d'un Administrateur-Supérieur résidant à Ziguinchor.

La banlieue de Rufisque est administrée par un fonctionnaire du corps des Administrateurs, délégué du Lieutenant-Gouverneur, et qui est également chargé de la salubrité, de la petite voirie et de la police municipale de la commune de Rufisque.

Les troupes stationnées au Sénégal sont placées sous les ordres d'un général de brigade ; elles comprennent :

A Dakar, défense du point d'appui de la flotte : un bataillon d'Infanterie coloniale, deux bataillons du 7e régiment de Tirailleurs Sénégalais, le 6e régiment d'Artillerie coloniale, une escadrille d'avions à Dakar-Ouakam, un peloton de gendarmerie, une compagnie d'ouvriers d'artillerie coloniale.

A Saint-Louis : deux bataillons du 1er régiment de Tirailleurs Sénégalais ; ces troupes sont placées sous les ordres d'un colonel commandant la place.

La justice est rendue, pour les Européens et assimilés, par deux tribunaux de première instance, siégeant à Dakar et à Saint-Louis, et par deux justices de paix à compétence étendue, à Kaolack et à Ziguinchor. La Cour d'assises et la Cour d'appel de l'A. O. F. ont leur siège à Dakar.

Pour les indigènes, la justice est rendue par des tribunaux indigènes siégeant dans chacune des communes de plein exercice et dans chaque cercle de la colonie.

Les opérations de recettes et de dépenses sont effectuées dans les cercles par des agents spéciaux ou par des préposés du Trésor, et sont centralisées par le Trésorier-Payeur de la colonie qui réside à Saint-Louis.

Dans la Colonie du Sénégal l'enseignement secondaire est donné, à Saint-Louis, au lycée Faidherbe, qui reçoit des pensionnaires, des demi-pensionnaires et des externes libres ou surveillés.

L'enseignement primaire est donné dans une école primaire supérieure, deux écoles professionnelles, une école de fils de chefs et interprètes, quatre écoles urbaines de garçons, deux écoles urbaines de filles, treize écoles régionales de garçons, six écoles régionales de filles, vingt-deux écoles élémentaires, trente-huit écoles préparatoires et trent-neuf cours d'adultes ; le corps enseignant comprend : 14 instituteurs européens, 13 institutrices européennes, 63 instituteurs indigènes et une institutrice indigène.

Les écoles officielles étaient fréquentées, en 1928, par 8.711 élèves (8.134 garçons et 577 filles).

Treize établissements d'enseignement privé, dont sept de filles, fonctionnent dans divers centres de la colonie avec 506 élèves.

Dans la circonscription de Dakar, il existe un cours d'enseignement secondaire, une école primaire supérieure, une école d'apprentissage professionnel, une école de navigation, deux écoles préparatoires, une école élémentaire, quatre écoles urbaines de garçons, une école urbaine de filles ; quatre cours d'adultes. Ces établissements groupent 1.565 élèves (1.321 garçons et 244 filles). L'enseignement privé comprend un cours secondaire et trois écoles de jeunes filles, avec une section manuelle (379 élèves au total).

Il faut mentionner également les écoles relevant directement du Gouvernement Général : l'école William Ponty, de Gorée, qui prépare les instituteurs indigènes, l'école de Médecine de Dakar, qui forme les médecins et pharmaciens auxiliaires indigènes, et l'ecole des pupilles mecaniciens indigènes de la Marine, qui a également son siège à Dakar.

Enfin, il existe au Sénégal et dans la circonscription de Dakar, 2.345 écoles coraniques indigènes où 15.360 élèves apprennent les rudiments du Coran.

L'assistance médicale est assurée par un hôpital à Saint-Louis et par des dispensaires dans les cercles. Il y a, à Saint-Louis, deux médecins principaux et deux médecins-majors ; dans les cercles, douze médecins du Corps de Santé, contractuels ou hygiénistes.

Dans la circonscription de Dakar, se trouvent l'hôpital principal de l'A. O. F., pour les Européens ; un hôpital central indigène avec une maternité et un institut d'hygiène sociale ; les ambulances de Gorée, du Cap Manuel, du Port de Commerce et de la banlieue de Dakar.

Les intérêts du commerce sont défendus par quatre Chambres de commerce, à Saint-Louis, Rufisque, Kaolack et Ziguinchor.

A Dakar, il existe aussi une Chambre de commerce ; celle-ci possède une section agricole et industrielle.

III. — RENSEIGNEMENTS ÉCONOMIQUES

Population et main-d'œuvre

La population de la Colonie, d'après le recensement du 1er juillet 1926, s'élève au total, à 1.358.439 habitants pour le Sénégal et la circonscription de Dakar, ce qui représente une densité de 6,72 habitants au kilomètre carré. Cette population se répartit ainsi :

1º Sénégal : indigènes citoyens français, 30.151 ; indigènes sujets français, 1.278.701 ; indigènes sujets étrangers, 4.785 ; européens français, 3.057 ; européens étrangers, 1.593.

2° Circonscription de Dakar et dépendances : 40.152 habitants, dont 2.488 européens français ; 718 européens étrangers ; 18.822 indigènes citoyens français ; 16.326 sujets français et 1.798 sujets étrangers. Sur ce total, Dakar figure pour 32.679 habitants (2.939 européens et 30.740 indigènes) et Gorée pour 714 habitants (dont 57 européens).

Les principales villes du Sénégal sont, en dehors de Dakar : Saint-Louis, 18.042 habitants, dont 1.038 européens ; Rufisque, 17.082 habitants, dont 1.038 européens ; Thiès, 7.181 habitants, dont 718 européens ; Diourbel, 6.760 habitants, dont 116 européens ; Kaolack, 4.348 habitants, dont 348 européens ; Louga, 4.315 habitants, dont 246 européens ; Tivaouane, 3.659 habitants, dont 117 européens ; Ziguinchor, 1.933 habitants, dont 127 européens ; Mekhé, 1.944 habitants, dont 117 européens ; Fatick, 1.929 habitants, dont 201 européens.

Les centres commerciaux, ports, escales des fleuves et des voies ferrées attirent, en dehors des saisons de culture, la main-d'œuvre de l'intérieur de la Colonie. Les commerçants et les industriels trouvent ainsi assez facilement à recruter les ouvriers qui leur sont nécessaires.

Les régions de culture de l'arachide reçoivent également des indigènes appelés « navétanes » qui viennent, pour quelques mois seulement, du Soudan français.

Outillage économique

L'outillage économique de la Colonie comprend des ports, des rades foraines, des chemins de fer, des routes, des voies de navigation intérieure, un réseau postal télégraphique et téléphonique et des postes de télégraphie sans fil.

Ports

Le port de Dakar est devenu, depuis quelques années, le premier port des colonies du groupe. Il comprend un plan d'eau de 225 hectares, abrité par deux jetées ; deux môles pour le commerce, longs de 300 mètres et larges respectivement de 80 et 100 mètres ; 15 hectares de terre-pleins ; des hangars d'une surface totale de 12.800 mètres carrés ; des voies ferrées d'une longueur de 8.700 mètres ; trois grues électriques de 1.500 kilos ; un ponton-bigue de 50 tonnes ; un ponton-grue de 20 tonnes. Des travaux en cours amélioreront encore les conditions d'exploitation de ce port, dont l'accroissement de trafic est continu : en 1927, le port de Dakar a reçu 3.957 navires, d'un tonnage de jauge de 5.436.902 tonneaux, qui ont débarqué 423.859 tonnes de marchandises et embarqué 313.233 tonnes de produits.

Le port de Kaolack se classe maintenant au deuxième rang des ports de l'A. O. F. pour le tonnage et la valeur des marchandises manutentionnées. Il a même enlevé la première place à Rufisque en ce qui concerne, l'exportation des arachides (135.000 tonnes en 1927, contre 97.000 à Rufisque et 64.000 à Dakar). Situé sur la rivière Saloum, à 120 kilomètres de la mer, relié au chemin de fer de Thiès au Niger par un embranchement de 22 kilomètres qui part de Guinguinéo, il attire à lui la presque totalité des produits et notamment des arachides en provenance des au delà de cette dernière station vers le Soudan, en leur évitant un transport par voie ferrée sur Rufisque ou Dakar de 175 ou 204 kilomètres.

Le port de Kaolack comprend actuellement un appontement de 100 mètres environ, appartenant au Thiès-Niger et auquel peuvent accoster les navires de 4 mètres de tirant d'eau. Douze wharfs en bois, appartenant à des Sociétés commerciales, complètent cet outillage, qui est desservi par la voie du Thiès-Niger et une voie Decauville.

Des travaux en cours d'exécution comportent la construction d'un mur de quai en ciment de 350 mètres de long, de terre-pleins aménagés, et la liaison du nouveau quai avec la voie ferrée.

Les importations, en 1927, par Kaolack ont été de 60.789 tonnes et les exportations de 138.664 tonnes, 828 navires sont entrés dans ce port durant la même année.

Le port de Rufisque bénéficie encore d'un assez gros trafic d'arachides en raison de l'existence dans cette ville d'installations commerciales antérieures au développement de Dakar. Néanmoins, ce port perd peu à peu de son importance : alors qu'en 1922, il exportait encore 105.000 tonnes d'arachides sur un total de 290.000 tonnes, en 1927 son pourcentage d'expéditions a été beaucoup plus faible : 97.000 tonnes sur 405.000. Son activité décroît donc à mesure que s'améliore l'outillage du port de Dakar. Les seules installations existantes consistent en wharfs, auxquels les navires ne peuvent accoster ; le trafic entre ces wharfs et les navires se fait par l'intermédiaire de chalands ou de barcasses. En 1927, 700 navires ont débarqué 19.206 tonnes de marchandises et 655 navires ont embarqué 104.727 tonnes de produits.

Le port de Saint-Louis est actuellement bien déchu de son importance primitive, depuis que l'orientation économique a conduit à concentrer les efforts sur le port de Dakar. Il ne pourra retrouver un certain trafic, tant comme port fluvial que comme port maritime, que si les études de barrage, actuellement en cours dans la haute vallée du Sénégal, permettent d'augmenter suffisamment les débits d'étiage du fleuve, et si, par d'autres travaux à l'embouchure, la barre peut être convenablement améliorée. Les entrées ont été, en 1927, de 24.981 tonnes et les sorties de 10.913 tonnes.

M'Bour et Joal sont, au sud de Dakar, des rades foraines sur la « petite côte » du Sénégal ; leur trafic consiste presque uniquement en exportation de graines d'arachides. Foundiougne, dans l'estuaire du Saloum, en aval de Kaolack, et Saboya à la frontière de la Gambie anglaise, sont également des ports exportateurs d'arachides.

Ziguinchor, situé dans l'estuaire de la Casamance, à 70 kilomètres de l'embouchure, est assez comparable comme emplacement à Kaolack, mais présente, par rapport à ce dernier, des conditions d'accès un peu plus favorables. En 1927, 75 navires ont débarqué 11.007 tonnes de marchandises et 34 navires ont embarqué 32.836 tonnes de produits.

Voies ferrées

La plus ancienne voie ferrée du Sénégal et de l'Afrique Occidentale Française est celle de Dakar à Saint-Louis ; ce chemin de fer, concédé à une Compagnie privée, a été commencé en 1881 et inauguré en 1885. Sa longueur est de 263 kilomètres. Il dessert dix-huit gares ou stations dont les principales sont : Rufisque, Thiès, Tivaouane et Louga. Le nombre des voyageurs transportés était, en 1886, de 112.518 ; il s'est élevé à 585.506 en 1927. Le tonnage des marchandises G. V. et P. V., est passé de 20.000 tonnes, en 1886, à 387.147 tonnes, en 1927. Au cours de cette dernière année, les recettes ont été les suivantes : voyageurs, 8.355.646 fr. 37 ; bagages et divers, 939.680 fr. 70 ; messageries, 1.598.439 fr. 50 ; petite vitesse, 21.675.055 fr. 56 ; soit, au total, 32.568.823 fr. 13.

Le chemin de fer de Thiès au Niger, inauguré de bout en bout le 1er janvier 1924, a été formé par la réunion des deux chemins de fer de Kayes au Niger et de Thiès à Kayes. La jonction de ces deux lignes met le port de Dakar en communication avec le Niger (à Bamako et à Koulikoro) par une voie ferrée continue de 1.291 kilomètres. Cette voie dessert, dans la colonie du Sénégal, cinq haltes et vingt-quatre gares ou stations dont les plus importantes sont : Thiès, Diourbel et Tambacounda. Un embranchement, partant de Guinguinéo, relie le port de Kaolack au Thiès-Niger. Un train express part de Dakar tous les mardis et arrive à Bamako le jeudi suivant ; ce train marche jour et nuit ; les voyageurs y trouvent des couchettes et peuvent prendre leurs repas au wagon-restaurant.

En 1927, les résultats de l'exploitation ont été les suivants : voyageurs kilométriques : 89.396.498 ; bagages, 140.000 tonnes kilométriques ; marchandises G. V., 644.892 tonnes kilométriques ; marchandises P. V., 68.323.591 tonnes kilométriques.

Une troisième ligne est en construction et sera terminée en 1929 ; elle part de Louga, sur le chemin de fer Dakar-Saint-Louis, et aboutira à Linguère, à travers le Diambour et le Djoloff. Sa longueur sera de 130 kilomètres. La Colonie compte affermer son exploitation pour une période de 25 ans à la Compagnie du chemin de fer de Dakar à Saint-Louis.

Enfin, le Sénégal envisage la construction, en 1929, d'une nouvelle voie ferrée dans le Baol ; cette ligne, qui partira de Diourbel, desservira M'Backé et Touba, et mesurera 70 kilomètres.

Routes

Le Sénégal comprend un réseau routier de près de 5.000 kilomètres, divisé en routes urbaines et de banlieue et réseau des cercles. Parmi les principales artères, qui ne sont encore, en général, que des pistes sur lesquelles on peut circuler pendant la bonne saison, il faut citer la route intercoloniale Dakar-Soudan. Sensiblement parallèle à la voie du chemin de fer, sa première partie, de Dakar à Rufisque, est bien empierrée ; elle facilite les relations commerciales entre ces deux localités en même temps qu'elle favorise l'extension des cultures maraîchères destinées à l'alimentation de Dakar et à l'approvisionnement des navires qui y font escale.

A Thiès, une autre route s'oriente vers le Nord pour aboutir à Saint-Louis, par Tivaouane et Louga, en suivant un tracé très voisin de celui emprunté par le chemin de fer de Dakar à Saint-Louis. Une troisième route dessert toutes les escales du fleuve, sur la rive gauche ; Saint-Louis, Dagana, Podor, Matam, Bakel, et rejoint à Kidira la route intercoloniale du Soudan.

La route du fleuve et la route Dakar-Soudan sont reliées par deux transversales, joignant Dagana à Diourbel (à travers le Ferlo) par Yang-Yang, et Matam à Bouigueul-Bamba, à l'est de Tambacounda.

En haute Gambie, un tronçon relie la voie ferrée de Tambacounda à Kédougou et à Satadougou, et dans le cercle du Sine-Saloum, Saboya à la frontière de la Gambie anglaise, communique avec Kaolack et Fatick. Cette dernière localité est particulièrement bien desservie ; elle est le point de bifurcation de six routes différentes qui permettent de circuler dans toute la région comprise entre le chemin de fer Thiès-Niger et la côte.

En Casamance, sur la rive droite de la rivière, on peut se rendre de Diouloulou à Velingara en passant par Bignona, Sedhiou et Kolda avec prolongement sur Guénoto et Tambacounda. Sur la rive gauche, Kamobeul est relié par Ziguinchor à Yatacounda.

A ces principales voies de communication, il convient d'ajouter, entr'autres, les embranchements ayant pour point de départ Rufisque et Thiès, et qui desservent les ports de M'Bour et Joal, sur la « petite côte ».

Au 1er janvier 1928, on comptait, au Sénégal et dans la circonscription de Dakar, 3.493 véhicules automobiles, dont 1.446 voitures de tourisme, 1.936 camions et camionnettes, 7 cars et 104 motocyclettes.

NAVIGATION INTÉRIEURE

Sénégal. — La navigabilité de ce fleuve, qui traverse la Colonie sur un parcours de plus de 800 kilomètres, est variable suivant les saisons. De février à mai, les bateaux calant plus de 0 m. 40 ne peuvent remonter au delà de Mafou, à 60 kilomètres en amont de Podor, et, en fait, s'arrêtent à cette escale. Vers la mi-juillet, les petits vapeurs peuvent remonter à Kayes. En août et septembre, la crue est assez forte pour rendre le fleuve accessible aux grands vapeurs jusqu'à Kayes. La décrue est très rapide, et les navires doivent quitter le haut-fleuve, au plus tard, dans les premiers jours d'octobre. Les petits bâtiments continuent à remonter le fleuve au delà de Podor, mais de moins en moins loin, jusqu'au mois de janvier.

Les vapeurs de la Compagnie des Messageries Africaines effectuent un voyage tous les quatorze jours.

Saloum. — Cette rivière, ou plutôt ce bras de mer, est navigable en toutes saisons et les vapeurs portant un millier de tonnes remontent jusqu'à Kaolack, à 120 kilomètres de la mer.

Casamance. — Le seul port de la Casamance est Ziguinchor, à 70 kilomètres de la mer. Avec des fonds de 7 à 8 mètres à marée basse, il pourrait recevoir des navires de fort tonnage si la barre leur permettait le passage.

En amont de Ziguinchor, la navigation s'effectue au moyen de côtres et de chalands et de petits vapeurs de rivières qui peuvent remonter jusqu'à Sedhiou et même jusqu'à Kolda.

La Compagnie des Messageries Africaines assure, au moyen de petits vapeurs de mer, un service régulier entre Dakar et Ziguinchor.

Réseau postal et télégraphique. — T. S. F.

Le Sénégal est relié à la France par des câbles français Dakar-Brest, et Dakar-Casablanca-Brest. Il est mis en relation avec le réseau télégraphique mondial par les câbles ci-après : câble Dakar-Saint-Louis-Ténériffe-Cadix ; câble Dakar-Pernambouc ; câble français Dakar-Conakry avec prolongement, *a*) sur Sierra-Léone, *b*) sur Monrovia, Grand Bassam, Cotonou, Libreville, Cap-Lopez, Loango, et de Cotonou sur Lomé et Douala.

La colonie comprend quarante bureaux de poste de plein exercice, trois bureaux auxiliaires, une agence postale et huit bureaux de distribution.

La longueur totale du réseau téléphonique est de 812 kilomètres.

Le chef-lieu est relié par fil télégraphique (2.645 kilomètres) avec les principaux centres et postes de la Colonie qui peuvent également communiquer entre eux.

Les correspondances postales sont transportées, soit par voies ferrées, soit par vapeurs fluviaux et côtiers, soit sur routes par transports automobiles. Les colis postaux sont transportés dans les mêmes conditions ; tous les bureaux de plein exercice sont ouverts au service des colis postaux simples, contre recouvrement et à valeur déclarée.

La station de T. S. F. de Dakar, placée sur les deux grandes routes maritimes de l'Afrique du Sud et de l'Amérique du Sud, possède un service permanent de jour et de nuit, et un trafic particulièrement intense. Elle reçoit directement les radio-télégrammes transmis par le poste de Bordeaux-Croix d'Hins. Il existe également à Dakar une station à ondes courtes, chargée des communications avec l'intérieur.

Ressources agricoles du pays

Les produits de cultures vivrières sont les suivants : les mils, le maïs, le riz, les haricots, les patates, le manioc, des légumes, des condiments et des fruits.

Le mil et le sorgho sont cultivés sur toute l'étendue de la Colonie, de même que les haricots, culture intercalaire. Les surfaces ensemencées de mil sont d'environ 600 à 650.000 hectares. Les patates et le maïs existent surtout dans la vallée du fleuve, La Casamance est le gros producteur de riz ; on en rencontre un peu dans le Siné-Saloum.

Les produits de cueillette qui font l'objet d'un commerce d'exportation sont la gomme, les palmistes, le caoutchouc, le kapok.

La gomme arabique du Sénégal provient principalement des régions désertiques, des cercles de Podor et de Louga, l'exploitation des gommes est assez limitée dans la colonie.

La basse Casamance est le seul pays producteur de palmistes et de l'huile de palme. En 1927, il a été exporté 2.934 tonnes de palmistes. L'huile de palme est entièrement consommée sur place.

Le caoutchouc provient également de la Casamance, qui en a exporté 42 tonnes en 1927. Ce produit est fourni par la liane Landolphie Heudelottii.

La haute Casamance, les provinces orientales, le sud du cercle de Bakel et l'est du cercle de Tambacounda possèdent des forêts où les Bombax, qui fournissent le kapok, sont en assez grande quantité ; mais l'indigène délaisse le ramassage de cette fibre

Les produits de culture indigène pour l'exportation sont le coton et surtout l'arachide, qui constitue la richesse du Sénégal.

La production du coton se développe peu à peu chez les indigènes et la création d'usines d'égrenage favorisera ce mouvement. Les principaux centres d'égrenage actuels sont : Matam et Tambacounda ; il existe des égreneuses à main à M'Bour, Rufisque, Yang-Yang, Ziguinchor.

L'Arachide

L'arachide, cultivée uniquement par les indigènes, est de beaucoup le plus important produit d'exportation du Sénégal et de toute l'Afrique Occidentale Française. Les populations tirent de sa culture leurs principales ressources.

Introduite au Sénégal au début du xixe siècle, l'arachide trouve dans ce pays un climat favorable, c'est-à-dire une saison des pluies n'excédant pas quatre à cinq mois, et le terrain meuble, sablonneux ou silico-argileux, qui lui était éminemment propice. Elle est ensemencée dès les premières pluies, aussitôt que la terre est suffisamment imbibée d'humidité, c'est-à-dire fin juin ou commencement de juillet. La plante se développe pendant l'hivernage ; la graine mûrit au début de la saison sèche et est bonne à cueillir au mois de novembre.

Les opérations commerciales, « la traite », commencent aussitôt ; elles se déroulent plus ou moins rapidement, suivant que les cours incitent les indigènes à vendre aussitôt leurs graines ou à les conserver en attendant une hausse.

En 1870, le Sénégal exportait 8.763 tonnes d'arachides, 13.902 tonnes en 1875, 34.270 tonnes en 1880, 41.248 tonnes en 1885. A cette date, le chemin de fer de Dakar à Saint-Louis fut livré à l'exploitation, et les cultures purent s'étendre le long de la voie ferrée : en 1895, les exportations atteignaient 51.600 tonnes, leur mouvement ascendant devait continuer d'une manière régulière, contrarié seulement par certaines saisons trop sèches ou trop humides.

La culture de l'arachide s'étendit peu à peu le long de la « petite côte » et les centres rivaux de Nianing et de Joal se créaient et se développaient avec rapidité. La construction du chemin de fer de Thiès à Kayes, commencée en 1907, donna un nouvel essor à la culture du précieux oléagineux. Des centres importants surgirent le long de cette ligne, et l'exportation des graines, qui était de 140.921 tonnes en 1900, s'élevait à 227.300 tonnes en 1910. Pour décongestionner la voie ferrée et activer les transports, un embranchement de 22 kilomètres fut construit reliant le port de Kaolack à la ligne principale, à Guinguinéo, et ce port se classe maintenant, comme nous l'avons vu, par l'importance de son trafic, au deuxième rang des ports de l'Afrique Occidentale Française.

En 1915, les exportations atteignirent 303.067 tonnes, pour s'élever, enfin, au chiffre record, en 1926, de 483.980 tonnes.

Les arachides sont, en presque totalité, exportées en coques. Pendant la guerre, un mouvement se dessina pour le décorticage de l'arachide, afin de diminuer, en raison de la rareté du fret, le volume des exportations ; depuis lors, les quantités décortiquées n'ont cessé de décroître, et aujourd'hui, l'exportation du produit se fait pour ainsi dire exclusivement en coques.

L'arachide occupe une place importante en Europe, pour les usages industriels et alimentaires ; une première pression à froid de la graine donne l'huile alimentaire, dont l'usage est répandu dans le monde entier ; cette huile est également employée dans la fabrication des margarines et des fromages de Hollande pâte grasse. Aux Etats-Unis, à côté de sa consommation comme friandise à l'état torréfié et en patisserie comme succédané des amandes, elle sert surtout à faire du beurre d'arachides. Une deuxième pression à eau froide fournit une huile encore comestible, qui peut être employée aussi pour le graissage. Enfin, une troisième pression à chaud fournit l'huile de savonnerie.

Les tourteaux d'arachides, dont le Sénégal a exporté, en 1927, 5.263 tonnes, possèdent une grande valeur nutritive qui les fait rechercher pour l'alimentation du bétail.

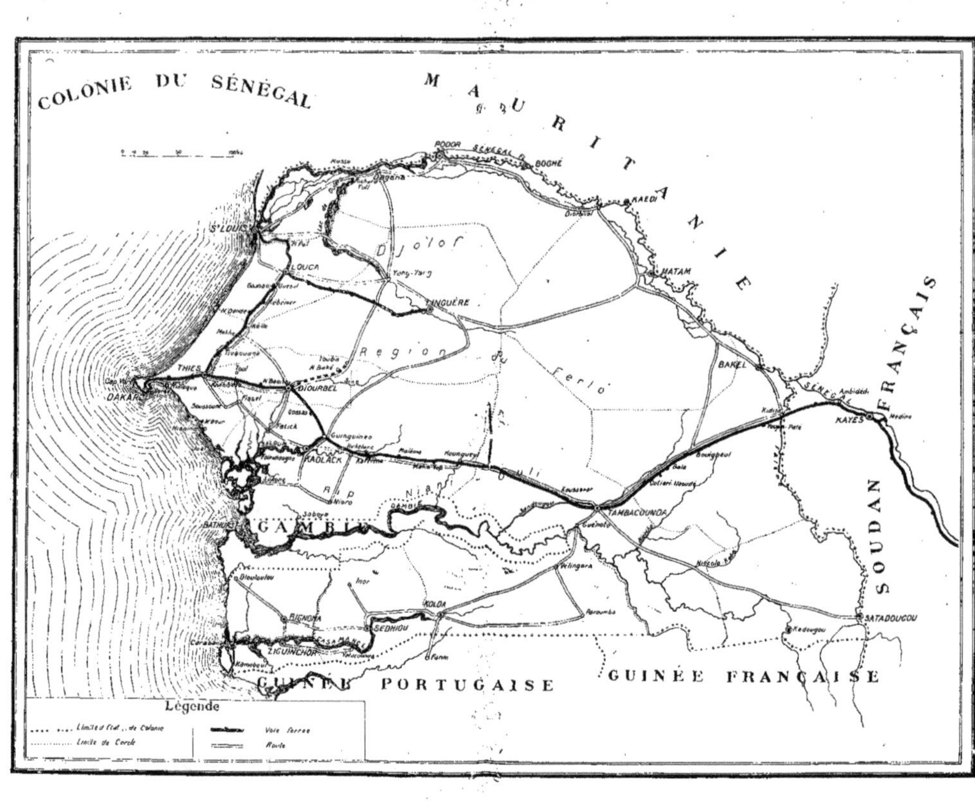

COLONIE DU SÉNÉGAL
MAURITANIE
SÉNÉGAL
SOUDAN FRANÇAIS
GAMBIE
GUINÉE PORTUGAISE
GUINÉE FRANÇAISE
Djolof
Région du Ferlo
PODOR
BOGHÉ
KAEDI
MATAM
BAKEL
KAYES
SATADOUGOU
S'LOUIS
LOUGA
LINGUÈRE
THIÈS
DAKAR
Cap Vert
DIOURBEL
KAOLACK
BATHURST
ZIGUINCHOR
SEDHIOU
KOLDA
TAMBACOUNDA
Légende
Limite d'État ou de Colonie
Limite de Cercle
Voie ferrée
Route

Des essais de culture améliorée sont entrepris à la station agricole de Bambey ; ces études, poursuivies méthodiquement, comportent des recherches sur l'amélioration des procédés de culture, la sélection, l'étude des parasites de l'arachide, les méthodes de conservation de la graine, etc. Après quatre années de recherches, cette station est parvenue à isoler un certain nombre de variétés à fort rendement et à en commencer la multiplication.

D'autre part, des Sociétés indigènes de prévoyance de secours et de prêts mutuels agricoles ont été créées au Sénégal en 1910, et fonctionnent dans chaque cercle. Ces organismes ont pour but d'aider au développement des cultures et de l'élevage, de la récolte et de la préparation des produits agricoles et de cueillette, ainsi que d'améliorer les conditions culturales, notamment par un meilleur sélectionnement des graines de semence. Elles permettent à leurs adhérents, par des prêts à court, moyen et long terme, en nature ou en argent, de maintenir et de développer leurs cultures, d'améliorer et d'augmenter leur outillage et leurs troupeaux. Jusqu'à ce jour, les Sociétés de Prévoyance ont surtout porté leur effort sur la délivrance de prêts en nature, la cession de denrées, le forage de puits et la construction de magasins et de greniers de réserve. Elles vont participer également en même temps que les quatre fermes-écoles créées dans la Colonie, dans les cercles de Matam, Louga, Thiès et Diourbel, à la multiplication des semences sélectionnées d'arachides obtenues à la station de Bambey.

Enfin, en vue d'éviter sur les marchés d'Europe une dépréciation des produits, par suite de leur mauvaise présentation ou de leur moindre qualité résultant du mélange de matières étrangères, un décret du 11 janvier 1924 a réglementé les conditions de circulation, de mise en vente et d'exportation des produits naturels de l'Afrique Occidentale Française. En application de ce texte, des arrêtés du Gouverneur du Sénégal ont fixé ces conditions pour les arachides et ont créé dans les cercles un service de vérification, et dans les ports des bureaux publics de conditionnement gérés par les Chambre de Commerce. Le fonctionnement de ce contrôle a, en quelques années, sensiblement amélioré la qualité des arachides exportées.

Cultures européennes. — Régime des concessions

On compte dans la Colonie vingt-sept exploitations européennes, comprenant 12.291 hectares. Des essais de culture industrielle de l'arachide ont été abandonnés, et, à l'heure actuelle, les produits qui forment le fond des cultures européennes sont : le sisal, le manioc, le tabac et le coton.

Les concessions rurales sont accordées, jusqu'à 200 hectares, par le Lieutenant-Gouverneur, au dessus de 200 et jusqu'à 2.000 hectares par le Gouverneur Général et au-dessus de 2.000 hectares par le Ministre des Colonies, après avis de la commission des concessions coloniales. Les superficies octroyées varient suivant la nature des exploitations à entreprendre et les ressources des pétitionnaires. Les concessions rurales sont toujours accordées à titre provisoire, généralement pour une durée de cinq ans, période à l'expiration de laquelle le bénéficiaire doit justifier de la mise en valeur du sol concédé, conformément aux conditions du cahier des charges qui lui a été imposé.

La redevance annuelle varie de 1 franc à 10 francs par hectare, suivant la richesse des terrains, la proximité des voies d'évacuation ou le voisinage d'une agglomération.

Lors de l'attribution définitive du terrain après sa mise en valeur, le concessionnaire doit payer une autre redevance, fixée, pour certaines concessions à 50 francs par hectare, et pour certaines autres à 100 francs. Ce dernier prix est un maximum.

Toute demande de concession doit être faite sur papier timbré, mentionner l'état-civil du requérant, ou contenir les statuts de la Société, être appuyée d'un plan en triple expédition et indiquer très exactement le but que se propose le demandeur, l'importance des constructions, aménagements, cultures qu'il désire entreprendre, les capitaux dont il dispose à cet effet. Une enquête est alors ouverte dans le cercle ou est demandée la concession, à la suite de laquelle la demande est accordée ou rejetée par l'administration ; en effet, les terres sur lesquelles les indigènes exercent régulièrement leurs droits d'usage ne peuvent être concédées.

Elevage

Les espèces domestiques du Sénégal sont : le cheval, l'âne, le chameau, le mouton, le bœuf, la chèvre, le porc, les poules, les canards et les pigeons.

Le cheval est surtout représenté par la race « M'Bayar » (1 m. 35 à 1 m. 40), dont le principal centre de production est le Baol, et par la race « M'Par » ou du Cayor (1 m. 25 à 1 m. 35).

Malgré l'insuffisance de leur taille, ces sujets, rustiques, endurants, sobres, sont d'excellents animaux de trait ou de selle.

Le type dit « Foutanké », moins répandu que les deux précédents, atteint et quelquefois dépasse 1 m. 45. C'est un métis médiocre, résultant du croisement, autrefois pratiqué, de l'étalon Soudanais et de la jument M'Bayar.

Depuis 1925, un haras fonctionne à Saint-Louis, en vue de l'amélioration des races indigènes. Les chevaux sont assez communs dans toute la Colonie, sauf dans la basse Casamance et la haute Gambie, où le climat leur est défavorable.

L'âne mesure de 0 m. 90 à 1 m. 10 ; d'une vigueur exceptionnelle, et très maniable, il porte des charges de 100 kilos sur de longs parcours. Ses services sont particulièrement appréciés à l'époque de la traite des arachides.

Les chameaux circulent en assez grand nombre dans le pays pendant la saison sèche. Ils appartiennent presque tous aux Maures, qui les envoient au nord du fleuve pendant la saison des pluies. Le chameau porte des charges de 400 à 500 kilos et fait avec facilité des marches journalières de 50 kilomètres.

Dans l'espèce bovine, il existe au Sénégal deux races principales : un zébu, le Gobra, excellent porteur, assez bon animal de boucherie, médiocre laitier, dont la taille atteint et dépasse 1 m. 40, et le poids 400 à 500 kilos ; un taurin, le N'Dama, dont la taille ne dépasse guère 1 m. 10, ni le poids 300 kilos, bien conformé pour la boucherie, résistant à la tripanosomiase. Les premiers se rencontrent dans toute la Colonie, mais sont surtout nombreux dans le Oualo, le Djoloff, le Cayor et le Baol. Les seconds, qui semblent originaires du Fouta-Djallon, sont répandus dans tout le Sénégal, mais surtout dans les régions Sud.

Les moutons à poil ras sont nombreux dans la région du fleuve, plus rares dans le sud de la Colonie. Les chèvres sont de petite taille, médiocres laitières, mais fournissent une viande excellente.

Des essais d'élevage de mérinos purs et de croisements mérinos indigènes ont été tentés à Richard-Toll, puis abandonnés après trois ans d'efforts. Transporté à Yang-Yang, le troupeau continua à décliner, notamment chez les mérinos purs qui furent répartis entre certains chefs indigènes de la Colonie et dans les bergeries du Soudan.

Les essais tentés sur les chèvres angora et sur les chèvres indigènes métissées ont été un peu plus encourageants, et quelques sujets ont pu être répartis parmi les chefs indigènes.

Le porc se rencontre seulement en Casamance et dans la région de la Petite Côte, où il ne fait, d'ailleurs, l'objet que d'un commerce peu important.

L'élevage de la poule se pratique dans tout le Sénégal, mais sans aucune méthode ; la poule ne constitue pas au Sénégal une race spéciale ; c'est un dérivé complexe de toutes les races françaises ou étrangères. Le service zootechnique travaille à améliorer l'élevage de la volaille en déterminant les races les plus aptes à se multiplier dans le pays, en fournissant au public des œufs et des coqs, et en étudiant les effets des croisements avec les races indigènes.

Le dernier recensement du cheptel a donné les chiffres suivants :

Bœufs	423.904
Moutons et chèvres	640.775
Chevaux	41.683
Anes	62.559
Chameaux	8.377
Porcs	23.306

Forêts

L'intensification des cultures et les besoins de la population en combustible ont contribué au déboisement des régions du fleuve, des voies ferrées et de la Petite Côte. Il existe quelques massifs de forêt claire dans la région de Thiès, en bordure de la Gambie anglaise et le long du fleuve Sénégal. Les essences particulièrement utiles sont : le rônier, pour les travaux maritimes et les charpentes ; le caïlcédrat (acajou du Sénégal), pour l'ébénisterie et la confection des pirogues ; le fromager, pour la fabrication des pirogues et des mortiers ; le ven, pour l'ébénisterie et les outils ; etc.

Les forêts peuvent également fournir, pour l'exportation, des matières tannantes, produites principalement par deux arbustes : le gonakié et le palétuvier. La gousse du gonakié est utilisée par l'indigène pour le tannage de ses cuirs. Le palétuvier, très abondant sur les bords des marigots de Casamance, fournit du bois pour le chauffage ; son écorce, bien que riche en tannin, n'est pas utilisée.

Une politique de reboisement a été adoptée, depuis quelques années, au Sénégal ; des pépinières ont été créées dans presque tous les cercles et un service forestier est chargé de la surveillance des peuplements anciens et nouveaux.

Produits du sous-sol

Les indigènes exploitent les placers d'or du Sirimana, du Bélédougou, du Dentilia et du Bafé ; une Société européenne a obtenu en haute Gambie des concessions minières qu'elle exploite par dragages.

Des carrières de pierres existent sur divers points de la Colonie et sont exploitées pour les besoins locaux ; dans la région de Dakar, des carrières de latérite, de basalte noir et de basalte tendre, sont utilisées pour les constructions et les chaussées.

A Rufisque, des bancs de calcaire d'excellente qualité ont permis l'installation d'une fabrique de ciment.

Des carrières de pierres se trouvent dans les cercles de Louga (Yang-Yang), de Bakel, de Matam et dans la région de Dagana.

Des gisements de sables titanifères sont exploités sur les rivages de la Petite Côte et de la Casamance ; en 1927, l'exportation a atteint 5.200 tonnes.

La Colonie est propriétaire des salines de Mouit (Gandiolais, cercle de Louga), de Sjim-Djirim et de Diorno (cercle du Bas-Sénégal), qu'elle afferme par voie d'adjudication. Les salines du Sine-Saloum, installées en 1914 par une Société privée, près de Kaloack, produisent une quantité intéressante de sel.

Industrie

Les principales industries indigènes sont : le tissage (notamment dans la région du fleuve), la teinturerie (dans la même région), l'orfèvrerie (bijoux en or jaune de Galam et en argent, incrustations d'or et d'argent sur corne et sur ébène) ; la vannerie (paniers, nattes, éventails, vans, etc.) ; la poterie ; les forgerons fabriquent des lames de sabres et de poignards, des fers de lance ; les cordonniers confectionnent des sandales, des bottes, des fourreaux de sabre et de poignard et surtout des sachets pour amulettes ; enfin, les « Laobés » (ouvriers du bois) fabriquent des pirogues et des ustensiles de ménage, mortiers, pilons, cuillères, etc.

Les établissements industriels européens se développent peu à peu à Dakar et au Sénégal ; on relève pour l'alimentation : deux fabriques de sirops et limonades à Dakar, une à Saint-Louis et une à Ziguinchor ; deux huileries (huile d'arachide) à Dakar, une à Kaolack et une à Diourbel ; une fabrique de glace à Dakar, une à Saint-Louis, une à Diourbel et une à Ziguinchor. Une usine électrique fournit l'éclairage et la force motrice à Dakar, Rufisque et Thiès ; quatre autres usines fonctionnent à Saint-Louis, à Louga, à Diourbel et à Kaolack. Plusieurs entreprises de travaux existent à Dakar, Saint-Louis et Rufisque ; une briqueterie existe près de Dakar, et une fabrique de chaux et de ciment près de Rufisque. Des entreprises de menuiserie fonctionnent à Dakar, à Rufisque, à Saint-Louis. Dans les mêmes localités se trouvent des chantiers pour la construction et la réparation des bateaux et des ateliers pour la réparation des autos, plus de nombreux garages pour automobiles. Deux imprimeries sont installées à Dakar, une à Gorée et une à Saint-Louis. Des usines d'égrenage, de décorticage et de défibrage existent à Tambacounda et à Matam. On trouve des entreprises de transports automobiles à Dakar (au nombre de trois), à Saint-Louis, à Thiès et à Diourbel. Enfin, il existe deux entreprises de transports fluviaux et maritimes, à Dakar, deux à Saint-Louis et une à Ziguinchor.

Commerce

De nombreuses Sociétés commerciales, ayant leur siège en France ou dans la Colonie, sont établies dans les centres importants du Sénégal et ont des établissements secondaires dans les principales localités de la Colonie. En outre, un grand nombre de particuliers d'origine européenne, de Syriens et de Marocains tiennent, dans les principaux centres de la Colonie, des comptoirs de moindre importance. Enfin, il existe de nombreux traitants indigènes qui se livrent au commerce pour leur compte ou pour le compte de tiers ; leurs comptoirs se nomment « opérations ».

Le commerce consiste dans la vente d'articles d'importation et dans l'achat de produits du cru destinés à l'exportation ; presque toutes les maisons font simultanément les deux séries d'opérations. Toutefois, on commence à voir l'installation, dans les grands centres, de commerçants spécialisés.

Le commerce général du Sénégal s'est élevé, en 1927, à 1.562.528.438 francs, dont 823.067.983 francs aux importations et 739.460.455 francs aux exportations.

Les principales marchandises importées, en 1927, ont été les suivantes :

	QUANTITÉS	VALEURS
Tissus de coton autres que guinées.........	2.730.046 kilogs	121.033.162 fr.
Riz de toutes sortes......................	58.163.413 —	96.836.055
Houille.................................	216.375 tonnes	50.113.181
Sucres de toutes sortes..................	10.277.284 kilogs	38.911.933
Ouvrages en métaux......................	»	35.883.387
Guinées et similaires....................	7.515.117 mètres	29.681.580
Machines et mécaniques..................	»	28.013.663
Farine de froment.......................	8.257.011 kilogs	22.534.273
Noix de colas...........................	1.309.873 —	21.103.148
Sacs, bâches, prélarts, toile à voile........	2.013 tonnes	18.762.365
Vins de toutes sortes (ordinaires et mousseux)	5.011.166 litres	18.159.715
Fers...................................	9.829 tonnes	15.209.464
Matériaux de construction................	47.517 —	15.048.262
Huiles de pétrole.......................	6.292.790 kilogs	14.618.256
Automobiles.............................	602 voitures	14.610.195
Tabacs en feuilles......................	906.689 kilogs	13.426.269
Savons autres que parfumerie.............	2.316.645 —	10.800.030
Fils de coton de toutes sortes............	330.022 —	10.197.316
Conserves alimentaires..................	1.944.135 —	10.104.195
Parfumerie..............................	103.842 —	4.476.261
Tabacs fabriqués........................	118.161 —	2.580.962
Bières et limonades.....................	880.795 litres	2.273.240
Alcools et eaux-de-vie..................	131.286 —	1.537.402

Dans l'ensemble de ces importations, la part de la France est de 62.33 %.

Les principales exportations ont porté sur les produits suivants :

	QUANTITÉS	VALEURS
Arachides..............................	403.608 tonnes	616.623.674 fr.
Gomme arabique.........................	3.989 —	14.314.245
Coton..................................	1.047 —	8.707.915
Peaux de bœufs.........................	1.356 —	8.330.273
Amandes de palme.......................	2.934 —	5.700.494
Peaux de moutons et chèvres.............	174 —	1.574.103
Cire brute et clarifiée.................	59 —	796.682
Caoutchouc.............................	43 —	513.324
Amandes de karité......................	130 —	77.754
Sels...................................	299 —	25.014

Il est utile de signaler qu'une partie de ces exportations provient de la Mauritanie ou du Soudan (gomme arabique, coton, peaux, cire, etc.).

Banques

Cinq établissements de crédit ont des succursales ou agences au Sénégal :

La Banque de l'Afrique Occidentale, dont le siège social est 38, rue

La Bruyère, à Paris (9e) ; succursale à Dakar ; agences à Saint-Louis, Rufisque, Kaolack ;

La Banque Française de l'Afrique, dont le siège est 23, rue Taitbout, à Paris (9e) ; agences à Dakar, Saint-Louis, Rufisque, Kaolack ;

La Banque Commerciale Africaine, dont le siège est 52, rue Laffitte, à Paris (9e) ; agences à Dakar, Rufisque et Kaolack ;

Le Crédit Foncier du Sénégal, à Dakar ;

Le Crédit Foncier de l'Ouest Africain, dont le siège social est 30, boulevard Pinet-Laprade, à Dakar.

IV. — IMPOTS ET TAXES

Les principaux impôts et taxes perçus au Sénégal sont : les droits de douane (versés au budget général de l'Afrique Occidentale Française), la contribution personnelle et la cote mobilière, les prestations, la contribution foncière sur les propriétés bâties et non bâties, les patentes (y compris la taxe additionnelle et les centimes additionnels au principal des patentes), les licences, la taxe sur les armes, la taxe sur les voitures, la taxe sur les animaux, le timbre-taxe.

La contribution personnelle, à laquelle sont assujettis tous les habitants français et étrangers, varie, selon les régions, de 8 francs à 15 francs par tête. La cote mobilière est de 6% de la valeur locative imposable des habitations meublées.

Les prestations sont dues par tout individu mâle, valide, âgé de seize ans au moins et de cinquante ans au plus, et par tout véhicule automobile et remorque en service. Le nombre des journées de prestations est fixé à quatre par an, pour les hommes et les véhicules automobiles. Le taux journalier de rachat est de 5 francs par jour et par homme, à 15 francs par camion ou camionnette (plus 7 fr. 50 par cheval-vapeur), à 10 francs par voiture automobile d'un autre modèle (plus 5 francs par cheval-vapeur), à 10 francs par remorque à quatre roues et à 5 francs par remorque à deux roues.

Le taux de la contribution foncière sur les propriétés bâties est fixé à 6 % de la valeur locative ; celui de la contribution foncière sur les terrains non plantés et à bâtir varie, de 1.00 % à 4 % de la valeur vénale, selon le prix du mètre carré.

La contribution des patentes et des licences consiste : 1º en un droit fixe, dont le taux, établi suivant la nature du commerce ou de l'industrie ou des professions, s'échelonne (sauf exception) entre 36 et 1.500 francs ; 2º en un droit proportionnel, calculé d'après la valeur locative des immeubles consacrés au commerce ou à l'industrie ; 3º en une taxe additionnelle, payée par les commerçants sur la plupart des produits et marchandises qu'ils importent et sur certains produits du cru qu'ils exportent ; le taux de cette taxe additionnelle perçu ces marchandises et produits entrent ou sortent de la Colonie, est de 5 % de la valeur des dites marchandises et des produits.

Le taux des licences varie de 250 à 6.000 francs, selon l'importance et le genre de commerce.

La taxe annuelle sur les armes est calculée sur les bases ci-après :

Fusils rayés et carabines rayées........................ 30 fr.
Fusils non rayés et cabarabines non rayées.............. 20
Armes de salon... 10
Armes de traite 5
Révolvers et pistolets................................. 20

Le taux de la taxe perçue sur les animaux est, selon les régions, de 30 à 50 francs pour les chameaux ; de 10 francs pour les chevaux ; de 6 à 10 francs pour les ânes ; de 6 à 10 francs pour les bœufs porteurs ; de 2 fr. 50 à 3 francs pour les bœufs, taureaux et vaches ; de 0 fr. 50 pour les moutons et les chèvres ; de 2 fr. 50 pour les porcs.

Une taxe annuelle est perçue sur les voitures publiques et privées, mises en circulation dans la colonie, d'après les indications du tableau ci-après :

VOITURES PUBLIQUES (Services à volonté)

ÉLÉMENTS D'IMPOSITION	TARIF DES VÉHICULES ou ATTELAGES servant au transport		TAXE ADDITIONNELLE
	DES PERSONNES	DES MARCHANDISES	
Voitures automobiles servant au transport des personnes :			
à 1 ou 2 places.............	60 »	»	
à 3 places..................	90 »	»	
à 4 places..................	120 »	»	
à 5 places..................	140 »	»	
à 6 places..................	170 »	»	
par place supplémentaire....	20 »	»	
Voitures attelées servant au transport des personnes :			
à 1 ou 2 places.............	50 »	»	
à 3 places..................	75 »	»	
à 4 places..................	100 »	»	
à 5 places..................	120 »	»	
à 6 places..................	137 50	»	
par place supplémentaire....	12 50	»	
Voitures automobiles servant au transport des marchandises......	»	60 »	6 fr. p. cheval-vapeur
Voitures remorquées par automobile servant au transport des marchandises :			Il sera perçu en outre sur le droit fixe et la taxe additionnelle :
à 2 roues...................	»	20 »	1° Un supplément de 50 °/₀ par tonne. pour tout camion automobile susceptible d'en trans-
à 4 roues...................	»	40 »	porter plus de deux ;
Voitures attelées servant au transport des marchandises :			2° Un supplément de 100 °/₀ pour tout camion autre que ceux roulant
à 2 roues...................	»	9 »	sur pneumatiques.
à 4 roues...................	»	45 »	

VOITURES PRIVÉES

ÉLÉMENTS D'IMPOSITION	TARIF DES VÉHICULES ou ATTELAGES servant au transport		TAXE ADDITIONNELLE
	DES PERSONNES	DES MARCHANDISES	
Voitures automobiles servant au transport des personnes :			Pour les 10 premiers chevaux : 6 frs p. cheval
à 1 ou 2 places............	60 »	»	Pour les 11e, 12e, 13e, 14e et 15e...... 9 fr.
à 3 places................	90 »	»	Pour les 16e, 17e, 18e, 19e et 20e..... 12 fr.
au-dessus de 3 places.......	120 »	»	Pour les 21e, 22e, 23e, 24e et 25e...... 15 fr.
Voitures attelées servant au transport des personnes :			Pour les 26e, 27e, 28e, 29e et 30e...... 18 fr.
à 2 roues.................	12 »	»	et ainsi de suite en augmentant de 3 fr. à chaque multiple de 5.
à 4 roues.................	24 »	»	
Voitures automobiles servant au transport des marchandises......	»	60 »	6 fr. p. cheval-vapeur
Voitures remorquées par automobile servant au transport des marchandises :			Il sera perçu en outre sur le droit fixe et la taxe additionnelle :
à 2 roues.................	»	20 »	1° Un supplément de 50 °/₀ par tonne, pour tout camion automobile susceptible d'en transporter plus de deux ;
à 4 roues.................	»	40 »	2° Un supplément de 100 °/₀ pour tout camion autre que ceux roulant sur pneumatiques.
Voitures attelées servant au transport des marchandises :			
à 2 roues.................	»	9 »	
à 4 roues.................	»	45 »	

Taxe due par estampille : 4 francs.

Les contributions perçues sur liquidation comprennent l'enregistrement, le timbre et les hypothèques.

D'autres taxes, qui sont, en général, des produits d'exploitations industrielles, gérées par la Colonie (postes et télégraphes, service de l'alimentation en eau, imprimerie du Gouvernement) alimentent le budget local qui a été arrêté, pour 1928, en recettes et en dépenses, à la somme de 134.442.000 francs.

CONCLUSION

Le commerce extérieur du Sénégal a représenté, en 1927, plus de 57 % du mouvement total des échanges de l'Afrique Occidentale Française ; c'est dire la place importante qu'il tient dans l'économie générale de ce groupe de colonies. Ce commerce est alimenté, à l'exportation, dans la proportion de 90 % par les sorties d'arachides. On constate donc que la graine d'arachides est la base essentielle de la richesse du Sénégal. Des efforts continus et persévérants tendent à accroître cette production, et, à cet égard, la sélection des semences et l'amélioration des façons culturales ne peuvent qu'avoir les plus heureuses conséquences. D'autre part, la construction de nouvelles voies ferrées (Louga-Linguère et Diourbel-M'Backé-Touba) et de pistes carrossables, est certainement appelée, comme le fait s'est produit lors de l'ouverture des lignes précédentes (Dakar-Saint-Louis et Thiès-Kayes), à ouvrir de nouvelles régions à la culture et au commerce.

Enfin, la création, dans différentes régions de la Colonie, d'exploitations agricoles européennes, ayant en vue la production d'autres matières premières nécessaires à l'industrie métropolitaine (manioc, tabac, sisal, coton) et l'installation des premières usines de transformation des produits naturels, peuvent, dans les années à venir, assurer un sérieux et intéressant appoint à l'activité de la Colonie-mère de l'Afrique Occidentale Française, dont l'outillage économique général se transforme et s'améliore rapidement.

Pour tous renseignements complémentaires, s'adresser à l'**Agence Economique de l'Afrique Occidentale Française**, 159, Boulevard Haussmann, Paris (8ᵉ). Téléphone : Elysées 32-93, 88-70, 88-71.

TABLE DES MATIÈRES

	Pages
I. — **Renseignements généraux**	1
Aperçu géographique	1
Climat	2
Races, religions, mœurs	3
II. — **Organisation administrative**	4
III. — **Renseignements économiques**	6
Population et main-d'œuvre	6
Outillage économique	7
Ports	7
Voies ferrées	9
Routes	9
Navigation intérieure	10
Réseau postal et télégraphique, T. S. F.	11
Ressources agricole du pays	12
L'arachide	12
Cultures européennes. — Régime des concessions	16
Elevage	17
Forêts	18
Produits du sous-sol	19
Industrie	19
Commerce	20
Banques	21
IV. — **Impôts et taxes**	22
Conclusion	24

Rochefort-sur-mer. — Imprimerie A. Thoyon-Thèze. — 11-28.

ÉDITIONS COLONIALES LAROSE

:: 11, rue Victor Cousin. — PARIS (Vᵉ) ::

ROCHEFORT-SUR-MER. — IMPRIMERIE A. THOYON-THÈZE